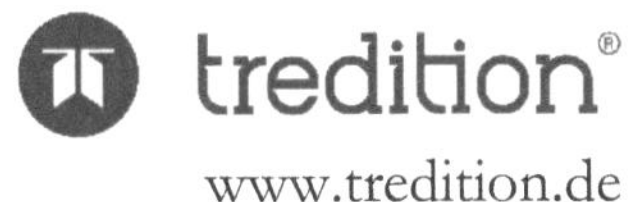

www.tredition.de

Thomas Troi

Romeo und Julia homöopathisch

Ein Spieltext für Jugendtheatergruppen

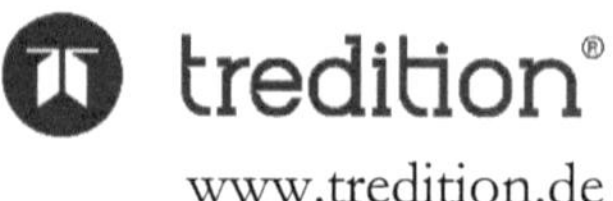

www.tredition.de

Verlag und Druck: tredition GmbH, Hamburg

ISBN
Paperback: 978-3-7469-6904-6
Hardcover: 978-3-7469-6905-3
e-Book: 978-3-7469-6906-0

Informationen zum Projekt:

Text: Thomas Troi

Dauer: ca. 50 Minuten

Rollen: 14 (kann aber auch mit 9 Darstellern/innen aufge-
führt werden)

*„Romeo und Julia – homöopathisch" ist ein typisches En-
semblestück für eine spielfreudige Truppe. Je nach Größe
der Gruppe können die Rollen mehrfach besetzt werden,
bzw. einzelne Spieler können mehrere Rollen spielen.*

*Gespielt wird im leeren Raum, die Requisiten auf das Nö-
tigste zu beschränken. Die Fechtszenen kann man mit 1,5
Liter Plastikflaschen ausführen und dabei richtig zuschla-
gen, da die Flaschen keine Schmerzen verursachen.*

*Die einzelnen Figuren leben von Körperlichkeit und Intensi-
tät.*

Die Spieler tragen ein schwarzes Grundkostüm, wobei jede Figur ein Accessoire dazubekommt. Alle Accessoires in einer einheitlichen Farbe (gelb oder rot) würde die Stilisierung verstärken.

Alle Figuren können männlich oder weiblich besetzt werden.

Es wird empfohlen, die Darsteller/innen vor Beginn der Probenarbeit das Originalstück lesen zu lassen.

Der Streit

Leere Bühne, am hinteren Rand stehen in einer Reihe Stühle, darüber stehen die Rollennamen: Romeo, Julia, Fürst Escalus, Bruder Lorenzo, Mercutio, Benvolio, Vater Montague, Tybalt, Amme, Vater Capulet, Mutter Capulet, Paris, Apotheker, Chor

MUSIK

Die Gruppe kommt herein, sieht die Stühle, setzt sich nieder, steht wieder auf, setzt sich irgendwo anders hin. Immer wieder setzt sich jemand auf den Stuhl mit der Rolle Chor. Schließlich steht die Person auf und kommt nach vorne und erzählt.

Chor
Wir sind in Verona. Es gibt hier zwei Familien. Die Capulets und die Montagues. Capulets, Montagues.
Und die beiden Familien mögen sich nicht, eigentlich hassen sie sich, und um ganz genau zu sein, würden sie sich am liebsten gegenseitig umbringen. Der Streit ist alt und eigentlich weiß keiner mehr, wieso und warum und überhaupt. Tatsache ist: Die Feindschaft sitzt tief. Wenn zwei Vertreter der Familien aufeinander treffen, schaut es meistens so aus. Hier am Beispiel von Mercutio und Tybalt.

Tybalt und Mercutio gehen aufeinander zu und schauen sich in die Augen.

Tybalt
Mercutio, suchst du Streit?

Mercutio
Tybalt, suchst du Streit?

Tybalt

Ich frage: suchst du Streit?

Mercutio

Und ich antworte: suchst du Streit?

Tybalt

Natürlich suche ich Streit, Montague-Fetzer.

Mercutio

Und glaubst du, ich weich aus, Capulet-Furzer?

Tybalt

Du nennst mich einen Furzer, du Montague-Heini? Mich?

Mercutio

Ich nenn dich noch ganz was anderes, Capulet-Schwachkopf.

Tybalt

Ich hau dir den Schädel ein, Mercutio.

Mercutio

Ich reiß dir die Leber raus, Tybalt.

Tybalt

Ich hasse alle Montagues.

Mercutio

Ich hasse dich noch viel mehr, du Capulet-Schwein.

Chor

Spätestens jetzt gehen die Kontrahenten von der verbalen in die hand-
greifliche Aktion über. Schläge, Tritte, Ohrfeigen, Kinnhaken, Backpfei-
fen, Haare ziehen, anspucken, Arme verdrehen, dann Messersteche-
reien, Einsatz des Baseballschlägers, Gebrauch von Schusswaffen jeden Kalibers usw. usw. Das Ganze wird begleitet von Geschrei und
Geschimpfe. Da dauert's nicht lange und Vater Capulet und Vater Montague tauchen auf.

Montague

Capulet, du Verbrecher, ruf deinen Bluthund zurück.

Capulet

Montague, ich warne dich.

*Beide beginnen wie wild zu bellen und zu knurren. Schließlich tritt Fürst
Escalus auf und stellt sich mitten in die Streitparteien hinein, die zurückwei-
chen.*

Fürst

Das ist jetzt das dritte Mal, dass ihr euch gegenseitig mit Blut besudelt
habt, Friedensfeinde. Bestien! Ich bin stinksauer!

Chor

Fürst Escalus, Veronas oberster Herr und Träger des Friedensver-
dienstkreuzes. Wenn er sagt, er sei stinksauer, dann ist das leicht un-
tertrieben.

Fürst

Hört mir zu: Wenn ihr je wieder den Frieden in Veronas Straßen stört,
dann zahlt ihr den Friedensbruch mit eurem Leben, ok? Noch mal zum
Mitschreiben: ich lass jeden köpfen, der auf der Straße Streitereien,

Schlägereien, Schießereien und Spuckereien anzettelt. OK? Klar genug? Montague?

Montague
Ich hab´s verstanden, mein Fürst.

Fürst

Capulet?

Capulet
Ich bin alt, aber nicht taub.

Fürst
Für diesmal lass ich Gnade vor Recht ergehen. Los, geht.

Alle ab bis auf den Chor.

Chor
Diese beiden Familien haben Kinder. Der Sohn Montagues heißt Romeo und die Tochter Capulets hört auf den klangvollen Namen Julia. Ich kann vorausschickend sagen, die beiden haben die Arschkarte gezogen. Hätten sie sich doch nie getroffen, sie würden jetzt noch leben.

Musik

ROMEO

Romeo und Benvolio treten auf.

Benvolio
Romeo, was ist los?

Romeo
Benvolio, mein Freund, ich bin unglücklich verliebt.

Benvolio
In wen? Wer ist die Glückliche?

Romeo
Rosalind. Die schöne Rosalind.

Benvolio
Ja, und? Will sie nicht?

Romeo
Sie will keusch bleiben. Der Liebe schwur sie ab. Benvolio, ich bin lebendig tot.

Benvolio
Dann schau halt andere an.

Romeo
Die anderen im Vergleich zu ihr sind...

Benvolio

Wie es der Zufall so will, habe ich einen Bediensteten der Capulets getroffen und der hat mir gesagt – er wusste gar nicht, dass ich zu den Montagues halte – dass die Capulets heute ein Fest feiern und auf der Liste steht die schöne Rosalind und alle Schönen Veronas treffen sich dort. Wir gehen hin und du schaust dich um. Es ist ein Maskenball. Man wird dich nicht erkennen.

Romeo: Na ja, komm ich halt mit, Rosalind aus der Ferne anzuschmachten und in Sehnsucht zu vergehen, meinem Herzen zuschauen wie es bricht und in seine Einzelteile zerfällt. Ich fühle mich wie im Kerker, eingesperrt, gefoltert. Schluchz, heul, rotz, schnüffel, plärr, schnief, schüttel, rinn, tropf, heul.

Romeo beginnt Benvolio zu umarmen und schluchzt lautstark. Benvolio tätschelt ihn, sichtlich überfordert. Beide gehen ab.

MUSIK

Paris

Capulet und Paris gehen über die Bühne. Chor folgt in einigem Abstand.

Paris
Nun, Herr, was sagt ihr zu meiner Werbung?

Capulet
Ich dachte, wir hätten alle unsere Werbeanzeigen schon geschaltet? Welche Werbung?

Paris
Ich meinte mit Werbung doch die Anfrage um Heirat eurer Tochter Julia.

Capulet
Ach so.

Chor
Dieser junge Mann hier ist Graf Paris, ein Verwandter des Fürsten Escalus. Augenscheinlich hat er es auf Julia abgesehen. Capulet ist unschlüssig.

Capulet
Mein lieber Paris, Julia ist knapp 14 Jahre alt. Ein bisschen reifen sollte sie schon noch. So zwei Jährchen, dann hätte sie die richtige Konsistenz. Aber kommt doch zu meinem Fest, dort sollt ihr mit ihr sprechen, ihr nahe sein. Und wenn sie auch will, dann will ich nicht im Wege stehen.

Paris
Das will ich tun.

Beide ab.

JULIA

Chor

Wir sind jetzt im Zimmer von Julia. Viel rosa, viel Plüsch, alles ordentlich aufgeräumt, denn die Julia hat eine Amme, die ihr alles wegräumt. Mutter Capulet tritt ins Zimmer und trifft auf die Amme.

Mutter Capulet

Amme! Wo ist Julia? Ruf sie.

Amme:

Juuuuuuuuuuuuullllllllliiiiiiiiiiaaaaaaaaaaaaaaaaa!

Julia

Was gibt´s?

Amme

Deine Mutter hat mich gebeten dich zu rufen und ich habe dann: Juuuuuuullllliiiiiaaaaaa! gerufen und jetzt bist du da, mein Augenlicht. Du bist so schön. Ich weiß wie ich dich aufgezogen habe. Du warst so ein liebes Mädchen. Und bist es jetzt immer noch, keine Frage.

Mutter Capulet

Amme, sei bitte still.

Amme

Aber das muss ich doch sagen, wie lieb die Julia immer war, sogar als sie mir damals ins Gesicht gekotzt hat, weil ich die Milch zu heiß gemacht hatte.

Julia

Amme, bitte sei still. Wirklich.

Mutter Capulet

Sag mir, Tochter Julia, was denkst du davon, Hochzeit zu halten?

Julia

Darüber habe ich gar nicht nachgedacht. Ich habe doch gerade erst die Barbies in den Keller getragen.

Amme

Julia heiratet, na schön.

Mutter Capulet

Kurz gesagt: Graf Paris wirbt um deine Liebe.

Amme

Na, der Paris, das ist ja ein Mann. Ein Mann, wie er im Buch steht und goldschwer.

Julia

Paris. Ja, ähm, hust, aha, uff, ja, öh, ähm.

Mutter Capulet

Er kommt heute zum Fest. Kannst du diesen Herrn lieben, schau ihn dir an, rede mit ihm. Hast du erst ihn, so nimmst du auch nicht ab.

Amme

Nicht ab! Zu! Ein Mann macht Frauen dick!

Julia

Ich schau mal.

DER BALL

Alle bis auf den Chor setzen sich Masken auf und verteilen sich auf der Bühne. Alle beginnen zu tanzen. Der Chor kommentiert das Geschehen.

Chor

Capulets Fest. Jetzt kommen wir zu einem ersten Höhepunkt in dieser tragischen Geschichte. Romeo wankt durch die Gegend und sieht plötzlich auf 11 Uhr Julia, die sich genau in diesem Moment umdreht und zu ihm herschaut.

Chor nimmt ein Seil und gibt es den Beiden.

Chor

Zur gleichen Zeit erkennt Tybalt Romeo und regt sich auf.

Tybalt

Was fällt diesem Montague-Streuner ein, sich hierher zu wagen. Wenn ich den tot schlag, wer wollt mich verdammen?

Capulet

Tybalt, was ist los? Was schreist du herum?

Tybalt

Onkel, dort geht der Feind, ein Montague! Er verhöhnt unser Fest.

Capulet

Das ist der junge Romeo.

Tybalt

Ein Schurke.

Capulet

Lass ihn sein, er verhält sich wie ein Edelmann. Und hör jetzt auf. Hör auf sag ich dir. Lass ihn in Ruhe.

Tybalt

Ich halte es nicht aus, dass er hier ist.

Capulet

Ich bin hier der Herr, und du hörst jetzt auf der Stelle auf. Willst du Aufruhr bringen unter meine Gäste, Grünschnabel? Still, sonst...

Tybalt

Ok, Onkel, passt schon. Aber das gibt Rache.

Chor

Und wieder zurück zu Romeo und Julia, die sich mit den Augen festgesogen haben. Der Sturm der Leidenschaft ist entfacht, die Liebe überkommt sie wie ein Tsunami und schwemmt sie mit und schließlich küssen sie sich. Sie küssen sich. He, ihr seid dran. Küssen, jetzt. Hopp.

Romeo

Vor allen Leuten?

Chor

Wo denn sonst? Die Regieanweisung lautet: Er küsst sie. Und: Er küsst sie wieder. Also, mach weiter.

Julia

Ich fühle mich jetzt ein bisschen überfordert.

Romeo

Ich kann sie nicht küssen. Das wäre zu intim. Was würde ihr Freund dazu sagen? Kann auch sein, dass die Leute alle anfangen zu pfeifen und zu schreien und vielleicht wollen sie mehr sehen und dann stehen wir schön da.

Chor

Ihr seid Schauspieler. Was soll das? Das ist doch die romantischste Szene im ganzen Stück. Es gibt noch keine Probleme, nur Freude.

Julia

Ja, und alle glauben wir hätten was miteinander, weil das Publikum nie Schauspieler und Figur auseinanderhalten kann. Also, entschuldige, nichts gegen dich, aber ich kann dich jetzt nicht küssen.

Romeo

Ich will dich auch nicht küssen, nichts für ungut. Du bist gar nicht mein Typ.

Julia

Ach so, das ist ja ganz was Neues. Willst du vielleicht damit andeuten, ich wäre uncool?

Romeo

Na, ich hab schon Bessere getroffen. Und überhaupt, es geht nicht darum, dass ich nicht küssen kann.

Julia

Bessere? Bessere? Ich jedenfalls kann küssen, im Gegensatz zu dir.

Romeo

Ich kann es. Ok? Ich kann das.

*Beide rennen zusammen und pressen die Lippen wie wild aufeinander, schließ-
lich reißen sie sich los und rennen auseinander.*

Romeo/Julia
Wer ist das?

Chor
Das ist Romeo, ein Montague. Und das ist Julia, eine Capulet.

Romeo/Julia
Scheiße. Verliebt in den Feind.

MUSIK

Die Balkonszene

Chor

Wir befinden uns jetzt im 2. Akt. Und wenn wir ganz genau sind, dann sehen wir hier den Garten der Capulets mit Apfelbäumen, hier ein Zwetschgenbaum, dort eine Mauer, über die Romeo gerade gesprungen und wie eine Katze gelandet ist. Auf dieser Seite das Haus der Capulets und im 2. Stock sehen wir ein Licht in einem Fenster. Julia erscheint an diesem Fenster. Und es ist ein Fenster und kein Balkon. Ein Fenster. Es gibt keinen Balkon. Shakespeare schreibt klipp und klar Fenster, nicht Balkon. So, das musste mal gesagt werden. Also: die beiden Verliebten treffen sich.

Julia

Ach, Montague. Warum Montague? Was ist das? Montague. Nicht Hand, nicht Fuß, nicht Arm, nicht Gesicht. Romeo, lass deinen Namen und nimm mich dafür.

Romeo

Ich nehm dich beim Wort, tauf mich aufs Neue: nenn mich nur Geliebter und niemals wieder will ich Romeo sein.

Chor

Ein warmer Wind streicht durch den Garten, Grillen zirpen, von fern hört man eine Violine spielen, sehr romantisch das Ganze. Stellen wir uns mal vor, wie das heutzutage zugeht. Nein, doch nicht. Theater soll ja zum geistigen Unterhalt beitragen, deswegen bleiben wir auf einem höheren sprachlichen Niveau.

Julia

Wie kamst du hierher? Wenn dich meine Vettern sehn, erschlagen sie dich.

Romeo
Ach, mehr Gefahr bringt mir dein Auge als zwanzig von ihren Schwertern. Blick du freundlich, so bin ich gegen ihren Hass gefeit. Du Julia, liebe mich, sonst sollen sie mich hier finden. Denn besser wäre der Tod durch ihren Hass als Weiterleben ohne deine Liebe.

Julia
Das hast du schön gesagt. Wollen wir heiraten?

Romeo
Unbedingt.

Julia
Morgen früh.

Romeo
Ok. Schlaf gut.

Julia
Du auch.

Romeo
Mach's gut.

Julia
Scheiden tut weh.

Romeo
Was tut weh?

Julia
Ich sagte: Scheiden tut weh. Lieber.

Romeo
Gute Nacht.

Julia
Gute Nacht.

Romeo
Gute Nacht.

Julia
Gute Nacht.

Chor
Wer schon mal verliebt war, der weiß wie das so geht. Inzwischen geht
der Mond unter, die Sonne geht auf, ein neuer Tag beginnt und Bruder
Lorenzo tritt auf. Ein Franziskanerpater, der ein geschicktes Händchen
mit Kräutern und Heilpflanzen hat.

Bruder Lorenzo

Bruder Lorenzo
Romeo, mein Junge, so früh schon auf? War unser Romeo nicht im Bett heut Nacht?

Romeo
Bruder Lorenzo, ich sag´s dir klipp und klar. Ich bin zu den Capulets gegangen und dort habe ich die Tochter des Feindes getroffen. Ich habe ihr Herz, sie hat mein Herz und wir sind uns eins. Wir haben uns gesehen, verliebt, verlobt und die Trauung musst du bewerkstelligen.

Bruder Lorenzo
Ja, heiliger Sankt Franz. Warum so stürmisch?

Romeo
Ja weil´s halt passt. Und vielleicht kann unsre Ehe den Hass der zwei Häuser beenden.

Bruder Lorenzo
Das ist ein Argument. Wenn das Ziel die Beendigung dieses unseligen Streits ist, dann helf ich gern.

MUSIK

Mercutio

Mercutio

Ich bin Mercutio, der Freund von Romeo. Der Junge kommt mir in letzter Zeit ein bisschen durch den Wind vor.

Benvolio

Ich bin Benvolio, auch ein Freund Romeos. Wir reden gerade über Romeo und über Tybalt, den jähzornigen Capulet-Giftzwerg. Dieser Heini hat Romeo eine Aufforderung zum Duell geschickt.

Mercutio

Ehrlich? Dann ist Romeo so gut wie tot. Gegen Tybalt hat er keine Chance.

Benvolio

Wieso, ist Tybalt so gut?

Mercutio

He, der Junge kann fechten wie andere Wasser trinken. Der ficht wie nach Noten: Eins, zwei – und bei drei steckt's dir in der Brust. Ein Duellheld. Böse. Wütend. Ein Herkules der Fechtkunst.

Benvolio

Ehrlich wahr?

Mercutio

Ach was. Ein gezierter, eitler Mode-Geck. Wenn du dem seine Hose dreckig machst plärrt er doch herum und rotzt eine Fahnenstange.

Heirat

Chor

So, und inzwischen werden Romeo und Julia von Bruder Lorenzo
heimlich getraut, nachdem sie eine ordentliche Beichte abgelegt haben. Ja, so schnell kann´s gehen. Die beiden sind überglücklich und
gehen schnurstracks zu den Capulets nach Hause. Vater Capulet
schaut zuerst ein bisschen komisch, aber schließlich gibt er seinen Se-
gen und die Geschichte ist aus. Danke fürs Zuschauen. Das Stück ist
fertig. Na los geht schon.
Ok, bleibt sitzen. Wär zu schön gewesen. Natürlich sind sie nicht zu
den Capulets gegangen. Denn immer, wenn alles zum Besten steht
kommt die Wende, die Peripetie, der Plotpoint. Das größte Glück wird
zum größten Unglück und so auch hier. Romeo und Julia, 3. Akt. 1
Szene.

MUSIK

Duell

Benvolio

Ich bitt dich, Mercutio, geh weiter, die Capulets sind herum.

Mercutio

Benvolio, was willst du, du bist doch auch so ein Hitzkopf. Dein Kopf ist so voller Streitlust wie ein Ei voller Dotter, obgleich dir dein Kopf dafür auch schon so zerschlagen worden ist wie eine Eierschale.

Benvolio

Stimmt ja gar nicht. Du übertreibst wieder schamlos. Verdammt, da kommt Tybalt.

Tybalt

He, Montagues, wo ist Romeo. Der lungert doch immer mit euch herum, Mercutio.

Mercutio

Lungern, Tybalt, lungern? Willst du eine aufs Maul?

Tybalt

Ich steh gern bereit, dir die Fresse zu polieren, Mercutio. Aber zuerst brauch ich Romeo.

Benvolio

He, beruhigt euch. Es stehen Leute herum. Ihr wisst, was der Fürst gesagt. Keine Streitereien. Die Leute schauen schon.

Tybalt

Lass sie schauen. Ich weiche nicht. Den brauch ich. He. Romeo.

Mercutio

Und mich lässt du stehen?

Tybalt

Romeo, du bist ein Schurke.

Romeo

Tybalt, lass gut sein. Ich habe einen Grund nicht mehr dein Feind zu sein. Leb wohl.

Tybalt

Nana, Romeo, so einfach geht das nicht. Dreh dich um und stell dich.

Romeo

Lass mich, du hast mir nichts getan. Wir könnten Freunde sein.

Mercutio

He, du Rattenfänger. Nimm meine Herausforderung an.

Tybalt

Was willst du denn?

Mercutio

Dir einen neuen Schnitt verpassen. Zuerst die Haare, dann die Kleider. Zieh schon.

Tybalt

Zuerst dich, dann den anderen.

Romeo

Mercutio, hör auf. Tybalt, verdammt noch mal. Straßenraufereien hat
der Fürst verboten. Hört auf.

Tybalt trifft Mercutio. Tybalt haut ab. Mercutio sinkt nieder.

Mercutio

Ich bin verwundet. Au.

Benvolio

Verwundet?

Romeo

Nur Mut, Mercutio, das wird schon wieder.

Mercutio

Das wird einen Dreck. Ich sag´s euch, die Suppe habe ich mir versal-
zen. Von dieser Ratte! Was kamst du auch dazwischen? Wegen dir bin
ich jetzt tot.

Romeo

Ich wollte doch nur...

Mercutio

Ach geh zum Teufel, Romeo, hol die Pest eure Häuser beide.

Benvolio

Romeo, er ist tot. Mercutio ist tot.

Romeo
Wegen mir?

Benvolio
Romeo, der verrückte Tybalt kommt wieder.
Romeo
Mercutio tot und er lebt? Tybalt, was hast du getan?

Tybalt
Kannst ihm gleich nachfolgen.

Romeo und Tybalt fechten, Tybalt fällt getroffen auf den Boden.

Benvolio
Romeo, fort. Es kommen Leute. Der Fürst schickt dich in den Tod,
wenn man dich fasst. Los, renn weg. Auf was wartest du noch?

Montague, Mutter Capulet und der Fürst treten auf.

Fürst
Wer beging den Mord?

Benvolio
Ich kann alles sagen, Fürst. Der hier liegt hat euren Vetter Mercutio getötet. Und Romeo hat Tybalt erschlagen.

Mutter Capulet
Räche diesen Frevel, Fürst. Tybalt ist ein Capulet.

Fürst
Wer hat den Streit begonnen?

Benvolio
Tybalt. Romeo hat noch gütig und ruhig zu ihm geredet. Aber Tybalt war taub und zog gegen Mercutio. Romeo ging dazwischen und Tybalt stach zu. Er läuft weg, kommt dann aber zurück und will auch Romeo erschlagen, aber dieser rächt Mercutio und trifft Tybalt. Romeo ist geflohen.

Mutter Capulet
Romeo schlug Tybalt: Romeo darf nicht mehr leben.

Fürst
Romeo schlug zuerst den, der Mercutio schlug. Wer büßt für diese Tat?

Montague
Nicht Romeo. Er war ein Freund Mercutios. Tybalt hat angefangen.

Fürst
Und für diese Tat wird Romeo aus Verona verbannt. Wenn er hier aufgegriffen wird, so ist es aus mit ihm.

MUSIK

Julia verzweifelt

Julia
Amme.

Amme
Julia.

Julia
Amme, was ist?

Amme
Er ist tot.

Julia
Was?

Amme
Wer hätte das gedacht. Romeo.

Julia
Hat Romeo sich getötet?

Amme
Ich sah die Wunde.

Julia
Tot?

Amme

Ein blutig armer Leichnam.

Julia

Da kann ich mich auch gleich einsargen lassen.

Amme

Tybalt, unser ehrenwerter Tybalt.

Julia

Tybalt auch tot und Romeo erschlagen? Was soll das? Wer will da
noch leben?

Amme

Tybalt tot und Romeo verbannt. Romeo schlug Tybalt tot. Tybalt durch
Romeo erschlagen.

Julia

Romeo hat Tybalts Blut vergossen? Mein Mann erschlug meinen Vetter?

Amme

Schmach über Romeo!

Julia

Ich mochte Tybalt, aber er wollte Romeo töten, und so tötete Romeo
Tybalt. Jetzt ist alles aus. Romeo verbannt. Ich sterb als Witwe und bin
Jungfrau geblieben.

Amme

Geh ins Bett, ich find dir deinen Romeo. Ich bring ihn her. Ich weiß, wo
er steckt: in Lorenzos Klause.

MUSIK

Lorenzos Klause

Romeo
Bruder Lorenzo, wie steht´s?

Lorenzo
Du bist verbannt.

Romeo
Nein.

Lorenzo
Doch.

Romeo
Nein.

Lorenzo
Der Fürst hat dich wegen des Mordes an Tybalt verbannt.

Romeo
Ich bin tot.

Lorenzo
Nein, du bist nicht tot, du bist verbannt. Das ist ein Unterschied. Außerhalb Veronas bist du nicht tot.

Romeo
Kein Unterschied, ohne Julia bin ich tot. Verbannung ist tot.

Lorenzo
Halt die Klappe und hör mir zu. Du hast Tybalt umgebracht, darauf
steht normalerweise der Tod, aber der Fürst ist gnädig und hat dich nur
verbannt. Du siehst diese Gnade gar nicht.

Romeo
Verbannt, verbannt, verbannt, das ist wie Folter. Ich bring mich um. Ich
hau mich aus dem Fenster.

Lorenzo
Stopsel, lass dir doch was sagen.

Romeo
Ja, Verbannung, Verbannung, VERBANNUNG!!!!!

Lorenzo
Jetzt lass mich doch mal ausreden, du Rotzbua.

Amme kommt.

Amme
Ich komm von meinem Fräulein Julia.

Romeo
Wie geht es ihr? Was sagt sie?

Amme
Fix und fertig ist sie. Liegt im Bett und weint und weint und weint und
weint. Fährt auf, schreit Tybalt, dann Romeo, dann Tybalt, dann
Romeo, weint, schluchzt, schreit, fällt hin. Hat ziemlich Stress.

Romeo

Ich bring mich um. Wo ist das Fenster?

Lorenzo

Jetzt reicht´s aber. Schluss, aus. Du hörst mir jetzt zu: Julia lebt und du
lebst. Das ist Glück. Tybalt wollte dich töten und du erschlugst Tybalt.
Wieder Glück. Das Gesetz, das den Tod dir droht wird dein Freund und
Tod zum Exil. Da hast du Glück. Du gehst jetzt zu Julia, verabschiedest
dich und gehst nach Mantua. Dort wohnst du bis wir die Heirat kundtun,
die Familien sich versöhnen und der Fürst dich begnadigt. Und dann
ruft man dich zurück und alles ist in Ordnung. Hast du verstanden?

Amme

Ich könnte euch die ganze Nacht zuhören. Ja, Studiertsein hat was. Ich
sag Julia, dass ihr kommt, Romeo.

Lorenzo

Es ist spät, gute Nacht.

MUSIK

Paris und Capulet

Paris

Ich möchte Julia so schnell wie möglich heiraten.

Capulet

Durch das Unglück mit Tybalt konnte ich auf meine Tochter gar nicht mehr so einwirken. Sie liebte ihren Vetter Tybalt wirklich sehr. Ich werde meine Frau bitten, dass sie zu Julia geht und ihr sagt, dass Paris sie liebt und am Mittwoch – halt, was ist heute für ein Tag?

Paris

Montag.

Capulet

Hm, Montag, da ist Mittwoch zu früh. Am Donnerstag. Am Donnerstag gibt es eine kleine Hochzeit. Ihr wisst, Tybalt ist grad gestorben, da schaut das nicht gut aus, wenn wir eine große Hochzeit feiern. Nur ein paar Freunde. Passt euch das?

Paris

Ich wollte, Donnerstag wäre morgen.

Capulet

Nein, morgen ist Dienstag, Graf Paris. Die Hochzeit
ist Donnerstag.

Paris

Das habe ich schon verstanden. Ich sagte ja nur, ich
wünschte mir, dass morgen Donnerstag wäre, weil
ich mich so freue.

Capulet

Ihr scheint schwerhörig, Graf Paris. Die Hochzeit...

Paris

Ich hab´s verstanden. Passt. ist klar. Donnerstag
dann. Gute Nacht.

Capulet

Gute Nacht. Morgen ist doch Dienstag. Wie kommt
der da drauf, dass morgen Donnerstag ist, wenn
heute Montag ist.

MUSIK

Romeo und Julia

Chor

Wir sind in Capulets Garten. Oben am Fenster Julia
und Romeo. Es ist Nacht, aber die ersten Vögel sin-
gen schon und künden das nahende Morgengrauen.
Wir steigen in die Szene ein, nachdem Romeo und
Julia ihre Hochzeit auch physisch und mit allem
Drum und Dran vollzogen haben und sie nun ihren
ersten Streit austragen, der zu jeder guten Bezie-
hung gehört. Es geht drum, ob sie eine Nachtigall gehört haben oder eine Lerche.

Julia

Und ich sag dir, es war die Nachtigall und nicht die
Lerche.

Romeo

Na, meine Liebe, ich kann dir ganz klar sagen, das
war eine Lerche.

Julia

Die Lerche macht Tschuitschui und die Nachtigall
vöglietsch, vöglietsch tschuhui. Und das war eindeu-
tig vöglietsch vöglietsch tschuhui.

Romeo

Um Himmels Willen, Julia, mach dich nicht lächerlich.
Es war eine Lerche. Die Lerche ruft ein ganz deutli-
ches Tirilatschitschuputsche und das haben wir gehört. Ich weiß wovon ich rede.

Julia

Einen Scheiß weißt du. Ich habe nämlich aufgepasst
bei Naturkunde. Die Nachtigall singt vöglietsch vöglietsch tschuhui, weil es noch Nacht ist. Die Lerche
kommt doch viel später, die schläft ja noch, du recht-
haberischer Idiot.

Romeo

Ich rede einen Scheiß? Ich rede einen Scheiß? Mal
aufgepasst Frau Julia-super-gescheit-Capulet. Ich
habe eine Powerpoint-Präsentation über Vögel gemacht, ok. Ich weiß wovon ich rede.

Julia

Ja, Herr Romeo-ich-weiß-alles-besser-Montague.
Gestohlen aus dem Internet. Seit wann haben Montagues irgendwas in der Birne?

Romeo

Warum sagst du nicht einfach, dass ich noch ein
bisschen dableiben soll?

Julia

Weil ich jetzt beleidigt bin.

Romeo

Wie bescheuert sind wir eigentlich uns darüber zu streiten, ob das eine Nachtigall oder eine Lerche war. Ich muss in die Verbannung.

Julia

Geh nicht.

Romeo

Ich würde ja gern bleiben, aber es geht nicht.

Julia

Weil du mich nicht liebst.

Romeo

Wie kannst du so was sagen, Julia.

Julia

Das war ja auch ironisch gemeint. Komm, einen letzten Knuddler und dann pass auf dich auf. Schreib mir. Jeden Tag. Hast du Facebook?

Romeo

Nein, Google+.

Julia

Muss ich jetzt zu Google+ wechseln? Bist du immer
so eine Extrawurst?

Romeo

Wir sehen uns, meine Liebe.

Romeo ab, Julia kommt herunter und Chor tritt auf.

Zoff mit Julias Eltern

Chor

Romeo verschwindet tief betrübt nach Mantua, wir wechseln ins Innere des Zimmers von Julia, wo es gleich hoch hergehen wird, denn Mutter Capulet ist im Anmarsch um Julia eine tolle Nachricht zu überbringen.

Mutter Capulet

Julia, ich bringe dir eine freudige Nachricht.

Julia

Freudig?

Mutter Capulet

Dein treu für dich sorgender Vater hat in Anbetracht deiner depressiven Stimmungslage beschlossen, dir einen Freudentag zu schenken.

Julia

Ach wirklich?

Mutter Capulet

Denk dir, am Donnerstag frühmorgens, soll dich der tapfere, tolle, tugendhafte Graf Paris in der Kirche St. Peter zu seiner Braut und glücklich machen.

Julia

Na, das ist ja wirklich eine Nachricht. Meine Antwort
ist: Nein. Ein klares, sauberes, unmissverständliches
Nein.

Capulet kommt dazu.

Capulet

Nun, hast du ihr unseren Ratschluss mitgeteilt?

Mutter Capulet

Ich habe es ihr mitgeteilt, aber sie sagt: Danke, nein.
Sie war immer schon unverständig. Ein richtig
schwieriges Kind.

Capulet

Lass mich mal. Du willst nicht? Hör mal zu Fräulein
Spröde. Du gehst am Donnerstag zu dieser Kirche
und wenn nicht, schleif ich dich hin.

Julia

Vater, hört mir einen Moment zu. Ich heirate diesen
Schnösel nicht. Nie im Leben. Vergesst das.

Capulet

Ja was denn, du störrische Schlampe! Entweder am
Donnerstag kommst du mir in die Kirche oder du
siehst mir nie mehr ins Gesicht. Sprich nichts, keine

Antwort. Mir juckt die Hand. Jetzt schau dir diese ver-
zogene Rotzgöre an. Es macht mich rasend! Bei
Tag, bei Nacht, spät, früh, stets die Sorge, dass sie
gut heiratet. Da find ich ihr einen Edelmann von bes-
ter Herkunft, reich, jung, voll gestopft mit besten Ei-
genschaften und was macht sie: Nein, ich will nicht! –
Ich heirate nicht! – Ich kann nicht lieben – Ich bin zu
jung. Entweder du heiratest ihn oder du kannst auf
der Straße schauen, wie du weiterkommst, dann
kenn ich dich nicht mehr. Ich schwör's.

Capulet ab.

Julia

Bitte schiebt diese Hochzeit auf. Einen Monat, eine
Woche. Mutter, sag doch was. Das ist Wahnsinn.

Mutter Capulet

Sprich nicht mit mir, denn ich sag nicht ein Wort. Tu,
was du willst, denn mit dir bin ich fertig.

Mutter Capulet ab.

Julia bleibt betroffen stehen. Chor kommt dazu.

Julia bei Lorenzo

Chor

Was sagt man dazu? Sind das Eltern, die das Wohl ihrer Kinder im Sinn haben? Julia ist fix und fertig und sie beschließt sich Rat zu holen bei Mister Allwissend Bruder Lorenzo. Wir wechseln in seine Klause und gleichzeitig in den vierten Akt.

Julia

Bruder Lorenzo, am Donnerstag soll ich mit dem Paris-Tölpel verheiratet werden. Ich will aber nicht. Lieber will ich sterben. Ich schmeiß mich aus dem Fenster.

Lorenzo

Was ihr immer nur habt mit diesem Fenster. Wir sind im Parterre. Hört doch auf die ganze Zeit Selbstmordgedanken zu hegen. Es gibt immer einen Ausweg. So oder so. Und so machen wir´s: Du gehst nach Hause und sagst: Lieber Vater, ich habe eingesehen, dass ich eine störrische, unfolgsame Tochter war, aber jetzt bin ich bekehrt. Natürlich heirate ich den lieben Paris. Am Mittwochabend, ja, weil heute ist Dienstag, also am Mittwoch, gehst du auf dein Zimmer und trinkst diesen destillierten Saft. Sogleich wirst du scheintot sein. Und du wirst 42 Stunden scheintot bleiben. 42 Stunden, das sind fast zwei Tage. Und dann wirst du erwachen wie aus einem guten Schlaf. Man wird dich finden und in der Gruft der Capulets bestatten.

Inzwischen hört Romeo durch meinen Brief unseren Plan und wird kommen und wir werden dich erwarten, wenn du aufwachst und dann wird Romeo dich nach Mantua entführen.

Toller Plan, gell?

Julia

Puuuh, ich weiß nicht. Gibt´s da Nebenwirkungen?

Lorenzo

Naja, wenn du aufwachst kribbelt der ganze Körper. Übelkeit ist auch dabei. Starke Kopfschmerzen, Schluckauf, Schwindelgefühl, Durchfall, so halt, ähm.

Julia

Noch was?

Lorenzo

Sehstörungen, Hörprobleme, Rückenschmerzen, Zahnschmerzen, Atemprobleme, Herzrhythmusstörungen, Zöliakie, Diabetes und Hepatitis A.

Julia

Hepatitis?

Lorenzo

Also, der Romeo sollte dir schon etwas wert sein.
Oder willst du Paris wirklich heiraten? Du brauchst
es nur zu sagen.

Julia

Gib her.

Beide ab.

MUSIK

Versöhnung mit Eltern

Capulet

Nun, du Trotzkopf, warst du beichten?

Julia

Ja, Vater, ich bereue zutiefst eine unfolgsame Tochter gewesen zu sein. Von nun an tue ich alles, was ihr von mir verlangt.

Capulet

Gut, gleich morgen wirst du den Grafen heiraten. Nicht erst am Donnerstag, sondern morgen Mittwoch. Ich werde Graf Paris informieren.

Julia

Ich freu mich ja so, Vater.

Capulet

Schon recht, meine Liebe. Bereite dich vor.

Capulet ab.

MUSIK

Julia und der Saft

Julia mit dem Fläschchen, im Lauf der Szene kommen immer mehr Julias dazu, die miteinander reden.

Julia 1

Lebt wohl! Wer weiß, wann wir uns wiedersehen. Ich habe Angst.

Julia 2

Diese traurige Rolle muss ich nun spielen. Komm Fläschchen.

Julia 3

Und wenn der Trank überhaupt nicht wirkt? Dann wach ich morgen auf und bin Paris Frau.

Julia 4

Nein, die Flasche soll´s verhindern.

Julia 2

Und wenn´s ein Gift ist, das der Mönch mir schlau untergejubelt hat um mich zu töten, damit er nicht die Schande seiner geheimen Trauung mit Romeo zuge-ben muss?

Julia 1

Das kann nicht sein. Lorenzo hat sich stets bewährt.

Julia 3

Die legen mich in die Gruft. Wenn ich aufwache, bevor jemand da ist um mich zu befreien?

Julia 4

Muss ich dann dort ersticken?

Julia 2

Wenn mir Tybalt im Leichentuch begegnet. Werde ich da nicht wahnsinnig?

Julia 3

Ach was. Tote sind tot. Aber die Einbildung könnte mich erschrecken.

Julia 1

Die Nebenwirkungen sind auch nicht ohne. Ich hasse Durchfall. Romeo, ich komme.

Alle bis auf Julia 1 gehen ab und Julia trinkt und bekommt alle möglichen Beschwerden, während sie sich auf den Boden legt.

MUSIK

Julia wird gefunden

Amme tritt auf.

Amme

Julia, aufwachen. Graf Paris wartet schon.

Chor tritt auf.

Chor

Die folgende Szene muss man sich jetzt hochemotional vorstellen. Julia liegt wie tot da. Die Amme flippt total aus, Mutter Capulet flucht, dass es einem kalt über den Rücken runter geht, Vater Capulet klagt, dass seine Erbin weg ist, Paris fühlt sich auch nicht gut. Jeder schreit herum und der Einzige, der hier noch ein bisschen Ordnung schafft ist Bruder Lorenzo, der alte Haudegen.

Lorenzo

Schämt euch. Jeder von euch trage seine Verantwortung. Bringt sie zur Gruft. Mit ihrem Herrn wird sie nun vermählt sein.

Julia wird weggetragen.

MUSIK

Romeo in Mantua

Chor

Während nun der Leichenzug zur Gruft unterwegs ist, wechseln wir kurz nach Mantua zu Romeo. Benvolio kommt zu ihm und wie wir wissen sind die Nachrichten nicht die besten.

Romeo

Benvolio. Wie geht es meiner Frau? Was macht mein Vater? Ist Julia wohlauf?

Benvolio

Sie ist tot. Sie liegt in der Gruft ihrer Väter. Ich ritt sofort herum dir zu berichten. Verzeih mir diese schlimme Botschaft, aber du trugst mir auf, dir alles zu berichten.

Romeo

So schaut's aus. Ich muss zurück nach Verona.

Benvolio

Dein Blick verheißt nichts Gutes.

Romeo

Lass mich allein. Hast du nicht von Bruder Lorenzo einen Brief?

Benvolio

Nein.

Benvolio ab.

Romeo

Gut, Julia, heute noch lieg ich bei dir. Fragt sich nur
wie. Kein Fenster weit und breit, wo ich mich raus-
schmeißen könnte. Hm.

Apotheker geht vorbei.

Romeo

He, bist du zufällig Apotheker?

Apotheker

Ja.

Romeo

Hast du zufällig Gift?

Apotheker

Ja.

Romeo

Willst du´s mir verkaufen?

Apotheker

Ja.

Romeo

Wirkt es schnell?

Apotheker

Ja.

Romeo

Sehr schnell?

Apotheker

Ja.

Romeo

Gibt´s Nebenwirkungen?

Apotheker

Ja.

Romeo

Schwindelgefühle?

Apotheker

Ja.

Romeo

Ok, passt. Gib´s mir. Hier hast du Geld.

Apotheker

Ja.

Romeo

Mach´s gut und kein Wort zu niemanden.

Apotheker

Ja.

Apotheker geht weg.

Romeo

Julia, jetzt komme ich gut gerüstet zu dir.

MUSIK

Schlussszene

Chor

Inzwischen in Verona. Lorenzo erfährt von seinem Mitbruder Johannes, dass dieser es nicht schaffte Lorenzos Brief Romeo zu überbringen. Fassen wir also zusammen: Julia liegt scheintot in der Gruft und wird bald aufwachen. Romeo glaubt, dass sie tot ist und will sich ebenso in der Gruft töten. Lorenzo beschließt allein zur Gruft zu gehen und dort Julia zu holen. Der finale Showdown auf dem Friedhof. Wir dämpfen das Licht, ein leichter Wind weht über die Gräber, ein Nachtvogel schreit.

Hier liegt Julia. Dort kommt Paris. Und von dieser Seite taucht Romeo auf.

Paris

Julia, ich bring dir Blumen. Das soll meine Andacht sein, dir Blumen streun und weinen. Und wer kommt dort? Wer schleicht mitten in der Nacht auf dem Friedhof herum? Ich will mich hier hinter diesem Grabstein verstecken.

Romeo

Mit dieser Spitzhacke reiß ich das Grab auf und leg mich zu meiner Liebsten.

Paris

Montague, du verdammter Mörder und Raufbold.
Wegen dir ist Julia gestorben, aus Gram über den
Tod Tybalts. Ich schlepp dich zum Fürsten, dann
hängt er dich auf.

Romeo

Lass mich. Ich bin gekommen um zu sterben. Reiz
mich nicht, ich bin sowieso schon fertig.

Paris

Nein, du kommst mit mir.

Romeo

Wer nicht hören will muss fühlen.

*Von hinten kommt eine PET-Flasche geflogen und mit der haut Romeo Paris
auf den Kopf, der wie ein Sack umfällt.*

Romeo

Graf Paris. Unglücklicher. So Julia, bald sind wir ver-
eint. Gift, tu deine Wirkung.

Er trinkt. Wird schwindlig, legt sich neben Julia. Lorenzo kommt.

Lorenzo

Romeo? Paris? Zu viele Tote an diesem Ort.

Julia

Bruder Lorenzo. Wo ist Romeo?

Lorenzo

Dein Gatte liegt hier. Tot. Und Paris auch. Ich höre
die Wachen kommen. Komm schnell mit, wir müssen
verschwinden.

Lorenzo geht ab.

Julia

Ja, hau ab. Ich will nicht weg von hier. Du hast Gift
getrunken? Und mir keinen Rest gelassen? Typisch.
Sowas von egoistisch und unsensibel. Vielleicht
hängt an deinen Lippen noch ein wenig Gift. Dein
Mund ist warm. Hm. Da muss Substanzielleres her.

*Sie nimmt die Flasche und haut sich selber eins über die Rübe. Sie fällt auf
Romeo drauf.*

Fürst, Montague und Capulet treten auf.

Fürst

Montague, Capulet! Seht welcher Fluch für euren
Hass euch traf. Der Himmel tötet euer Glück durch
Liebe! Und ich, der eurem Streit ein Auge zudrückte,
verlor zwei Vettern. Alle sind gestraft.

Fürst

Nur düstern Morgen will der Morgen bringen. Die
Sonne zeigt vor Gram nicht ihr Gesicht. Kommt mit:
wir sprechen mehr von diesen trüben Dingen: Dann
folgt teils Freispruch und teils Strafgericht; denn grö-
ßeres Leid geschah wohl nirgendwo als Julia hier
und ihrem Romeo.

MUSIK

*Die Toten stehen langsam auf, richten sich, schütteln alles ab, alle nehmen
sich an den Händen und treten als Reihe vor und verneigen sich leicht.*